Impressum
Verlag: BABADADA GmbH, Nedderfeld 112 , 22529 Hamburg
Geschäftsführer / Verlagsleitung: Harald Hof
Druck: Books on Demand GmbH, In de Tarpen 42, 22848 Norderstedt

Imprint
Publisher: BABADADA GmbH, Nedderfeld 112 , 22529 Hamburg, Germany
Managing Director / Publishing direction: Harald Hof
Print: Books on Demand GmbH, In de Tarpen 42, 22848 Norderstedt

1

koulu

school

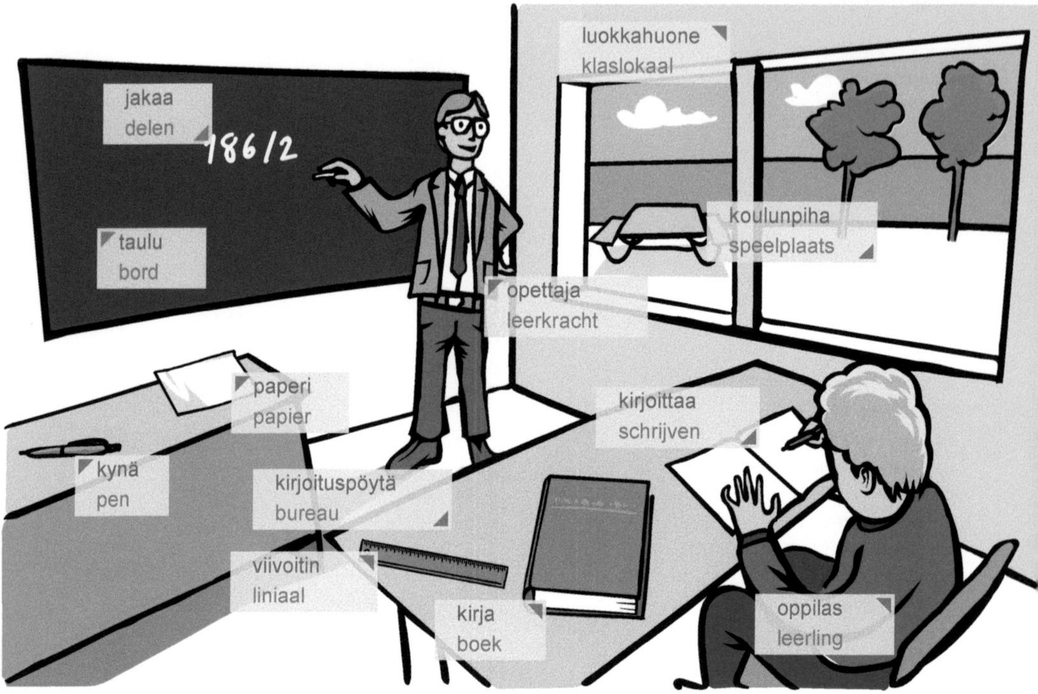

luokkahuone
klaslokaal
jakaa
delen
186/2
taulu
bord
koulunpiha
speelplaats
opettaja
leerkracht
paperi
papier
kirjoittaa
schrijven
kynä
pen
kirjoituspöytä
bureau
viivoitin
liniaal
kirja
boek
oppilas
leerling

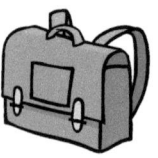

reppu

schooltas

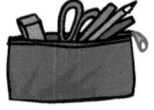

penaali

pennenzak

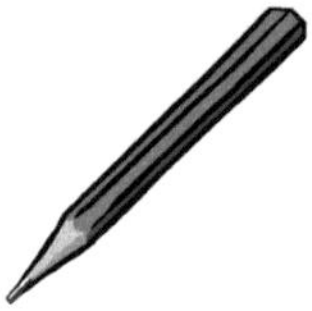

lyijykynä

potlood

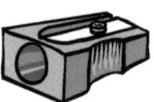

kynänteroitin

puntenslijper

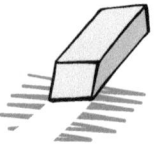

pyyhekumi

gom

piirustuslehtiö

tekenblok

piirustus
tekening

pensseli
verfborstel

vesivärit
verfdoos

sakset
schaar

liima
lijm

harjoituskirja
werkboek

kotitehtävä
huiswerk

luku
nummer

lisätä
optellen

vähentää
aftrekken

kertoa
vermenigvuldigen

laskea
rekenen

kirjain
letter

aakkoset
alfabet

sana
woord

teksti

tekst

lukea

Lezen

liitu

krijt

oppitunti

les

opettajan muistikirja

klassenboek

koe

examen

todistus

certificaat

koulupuku

schooluniform

koulutus

onderwijs

sanakirja

encyclopedie

yliopisto

universiteit

mikroskooppi

microscoop

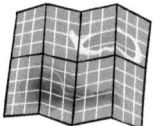

kartta

kaart

roskakori

papiermand

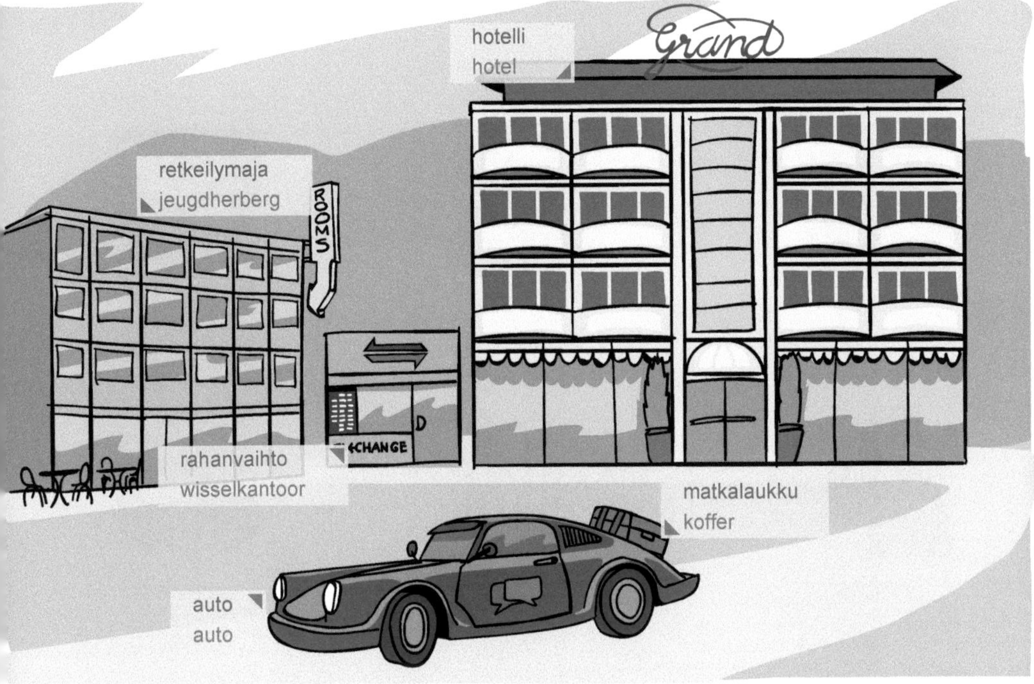

hotelli
hotel
Grand
retkeilymaja
jeugdherberg
ROOMS
rahanvaihto
wisselkantoor
EXCHANGE
matkalaukku
koffer
auto
auto

kieli
Taal

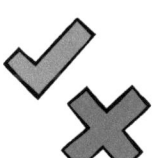

kyllä / ei
ja / nee

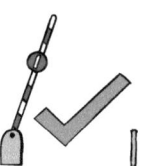

selvä
oké

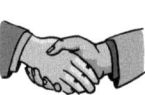

hei
hallo

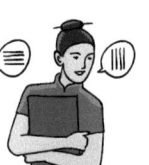

tulkki
vertaler

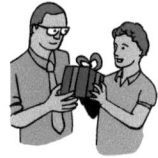

kiitos
bedankt

Paljonko...maksaa?

Hoeveel kost …?

en ymmärrä

Ik begrijp het niet

ongelma

probleem

Hyvää iltaa!

Goedenavond!

Hyvää huomenta!

Goedemorgen!

Hyvää yötä!

Goedenavond!

näkemiin

Tot ziens

suunta

richting

matkatavarat

bagage

laukku

zak

reppu

rugzak

vieras

gast

huone

kamer

makuupussi

slaapzak

teltta

tent

turisti-info

toeristeninformatie

ranta

strand

luottokortti

kredietkaart

aamupala

ontbijt

lounas

lunch

päivällinen

avondeten

matkalippu

ticket

hissi

lift

postimerkki

postzegel

raja

grens

tulli

douane

suurlähetystö

ambassade

viisumi

visum

passi

paspoort

kuljetus

transport

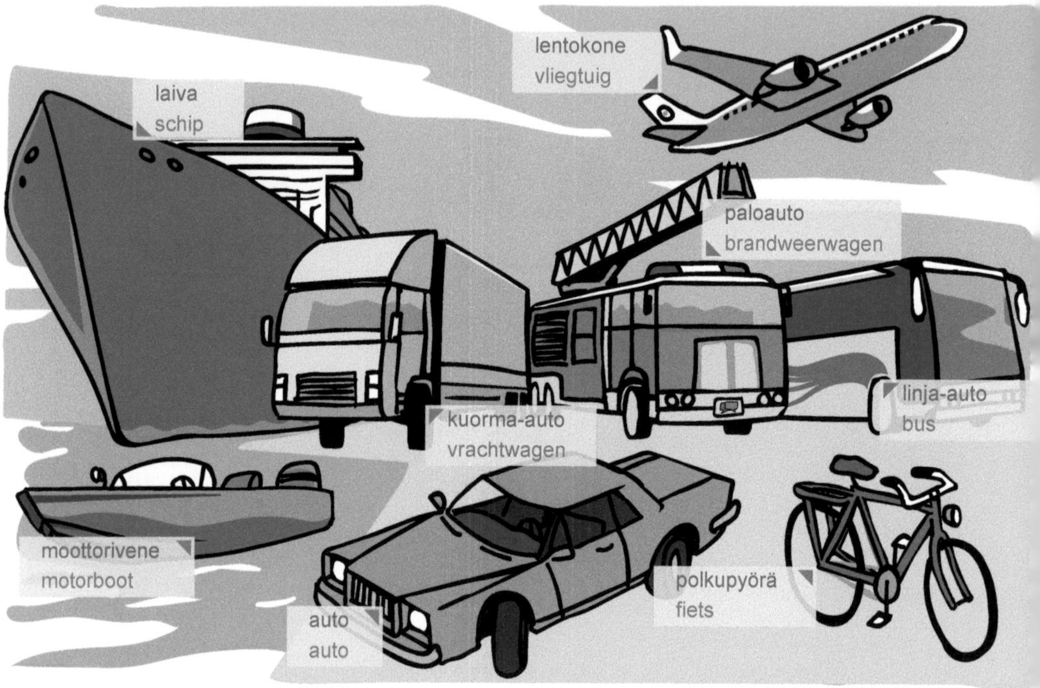
lentokone
vliegtuig
laiva
schip
paloauto
brandweerwagen
linja-auto
bus
kuorma-auto
vrachtwagen
moottorivene
motorboot
polkupyörä
fiets
auto
auto

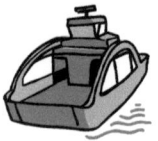

lautta

veerboot

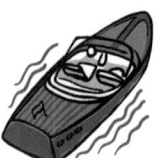

vene

boot

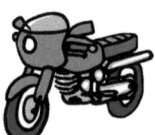

moottoripyörä

motor

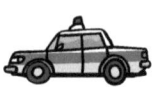

poliisiauto

politiewagen

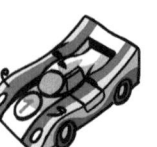

kilpa-auto

racewagen

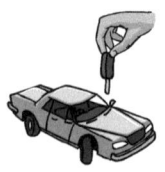

vuokra-auto

huurauto

car sharing

carpoolen

hinausauto

sleepwagen

roska-auto

vuilniswagen

moottori

motor

polttoaine

benzine

huoltoasema

benzinestation

liikennemerkki

verkeersbord

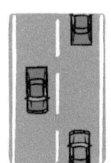

liikenne

verkeer

ruuhka

file

parkkipaikka

parkeerplaats

rautatieasema

station

raiteet

sporen

juna

trein

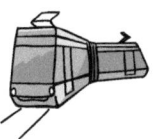

raitiovaunu

tram

vaunu

wagon

helikopteri

helikopter

lentokenttä

luchthaven

lähilennonjohto

toren

matkustaja

passagier

kontti

container

pahvilaatikko

karton

kärryt

kar

kori

mand

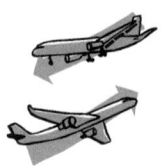

nousta / laskea

opstijgen / landen

kaupunki
stad

kylä

dorp

keskusta

stadscentrum

talo

huis

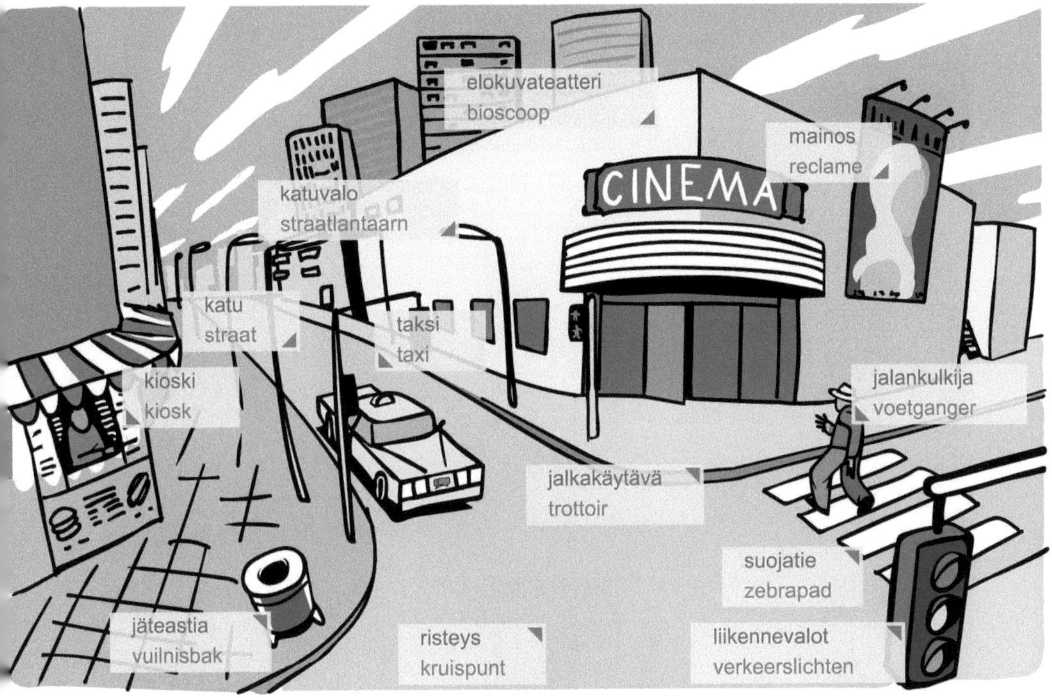
elokuvateatteri
bioscoop
mainos
reclame
CINEMA
katuvalo
straatlantaarn
katu
straat
taksi
taxi
kioski
kiosk
jalankulkija
voetganger
jalkakäytävä
trottoir
suojatie
zebrapad
jäteastia
vuilnisbak
risteys
kruispunt
liikennevalot
verkeerslichten

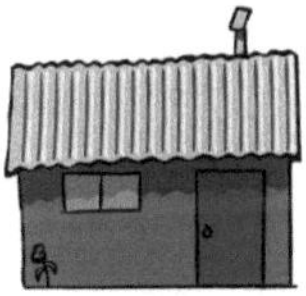

mökki

hut

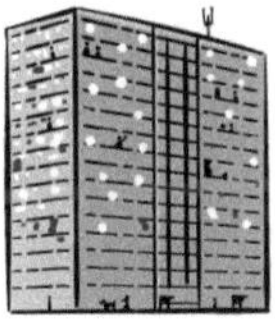

kerrostalo

woning

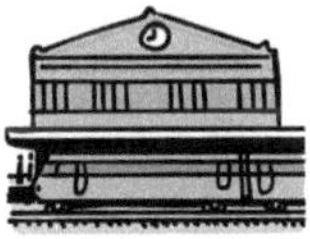

rautatieasema

station

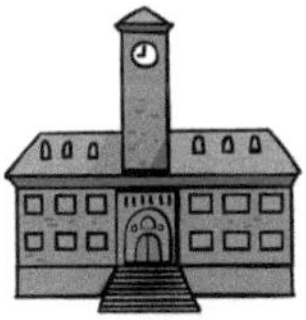

kaupungintalo

stadshuis

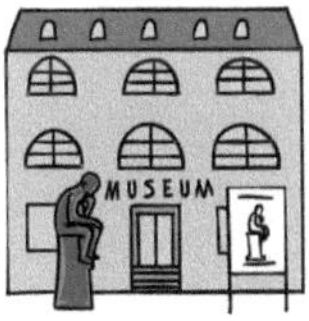
MUSEUM

museo

museum

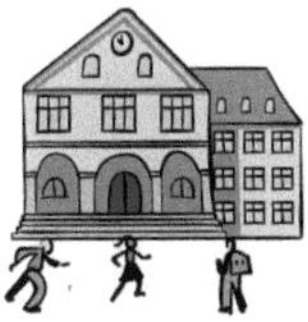

koulu

school

yliopisto

universiteit

pankki

bank

sairaala

ziekenhuis

hotelli

hotel

apteekki

apotheek

toimisto

kantoor

kirjakauppa

boekwinkel

liike

winkel

kukkakauppa

bloemenwinkel

supermarketti

supermarkt

tori

markt

tavaratalo

warenhuis

kalakauppias

vishandelaar

ostoskeskus

winkelcentrum

satama

haven

puisto

park

penkki

bank

silta

brug

portaat

trap

metro

metro

tunneli

tunnel

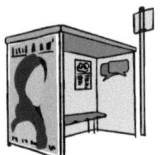

linja-autopysäkki

bushalte

baari

bar

ravintola

restaurant

postilaatikko

brievenbus

katukyltti

straatnaambord

parkkimittari

parkeermeter

eläintarha

zoo

uimala

zwembad

moskeija

moskee

maatila

boerderij

ympäristön saastuminen

milieuverontreiniging

hautausmaa

kerkhof

kirkko

kerk

leikkikenttä

speelplaats

temppeli

tempel

maisema
landschap

lehti
blad

tienviitta
wegwijzer

tie
weg

niitty
weide

kivi
steen

puu
boom

retkeilijä
wandelaar

joki
rivier

ruoho
gras

kukka
bloem

laakso
vallei

vuori
heuvel

järvi
meer

metsä
bos

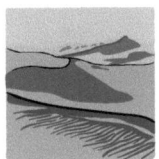

aavikko
woestijn

tulivuori
vulkaan

linna
kasteel

sateenkaari
regenboog

sieni
paddenstoel

palmu
palmboom

hyttynen
mug

kärpänen
vlieg

muurahainen
mier

mehiläinen
bijl

hämähäkki
spin

maisema - landschap

kovakuoriainen

kever

sammakko

kikker

orava

eekhoorn

siili

egel

jänis

haas

pöllö

uil

lintu

vogel

joutsen

zwaan

villisika

wild zwijn

peura

hert

hirvi

eland

pato

dam

tuulimylly

windturbine

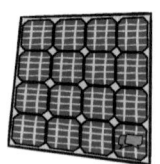

aurinkopaneeli

zonnepaneel

ilmasto

klimaat

ravintola
restaurant

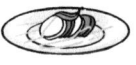

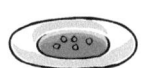

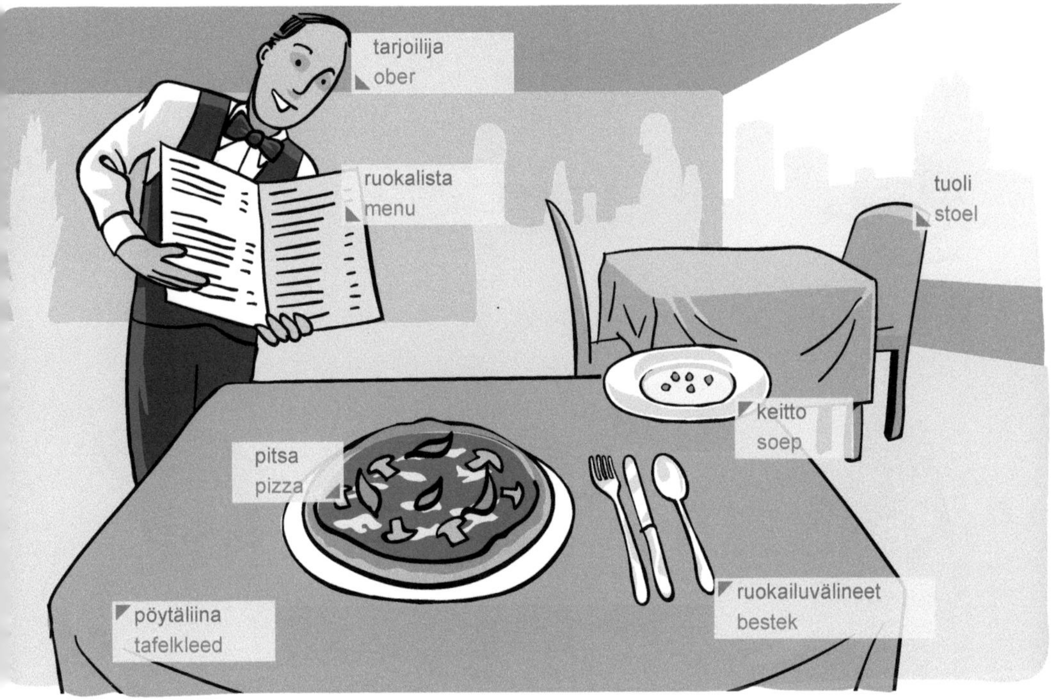

tarjoilija
ober
ruokalista
menu
tuoli
stoel
keitto
soep
pitsa
pizza
ruokailuvälineet
bestek
pöytäliina
tafelkleed

alkuruoka

voorgerecht

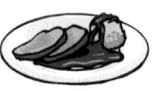

pääruoka

hoofdgerecht

jälkiruoka

nagerecht

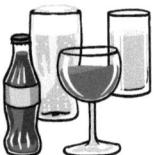

juomat

drankjes

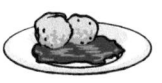

ruoka

eten

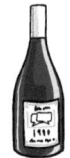

pullo

fles

pikaruoka

fastfood

katuruoka

street food

teekannu

theepot

sokeriastia

suikerpot

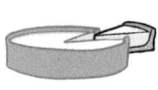

annos

portie

espressokeitin

espressomachine

syöttötuoli

kinderstoel

lasku

rekening

tarjotin

dienblad

veitsi

mes

haarukka

vork

lusikka

lepel

teelusikka

theelepel

servietti

serviette

lasi

glas

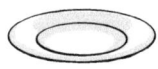

lautanen
bord

syvä lautanen
soepbord

aluslautanen
schoteltje

kastike
saus

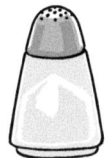

suolasirotin
zoutvatje

pippurimylly
pepermolen

etikka
azijn

öljy
olie

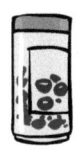

mausteet
kruiden

ketsuppi
ketchup

sinappi
mosterd

majoneesi
mayonaise

supermarketti
supermarkt

tarjous
aanbieding
FOR
asiakas
klant
maitotuotteet
zuivelproducten
hedelmät
fruit
ostoskärryt
winkelwagen

BUTCHERS

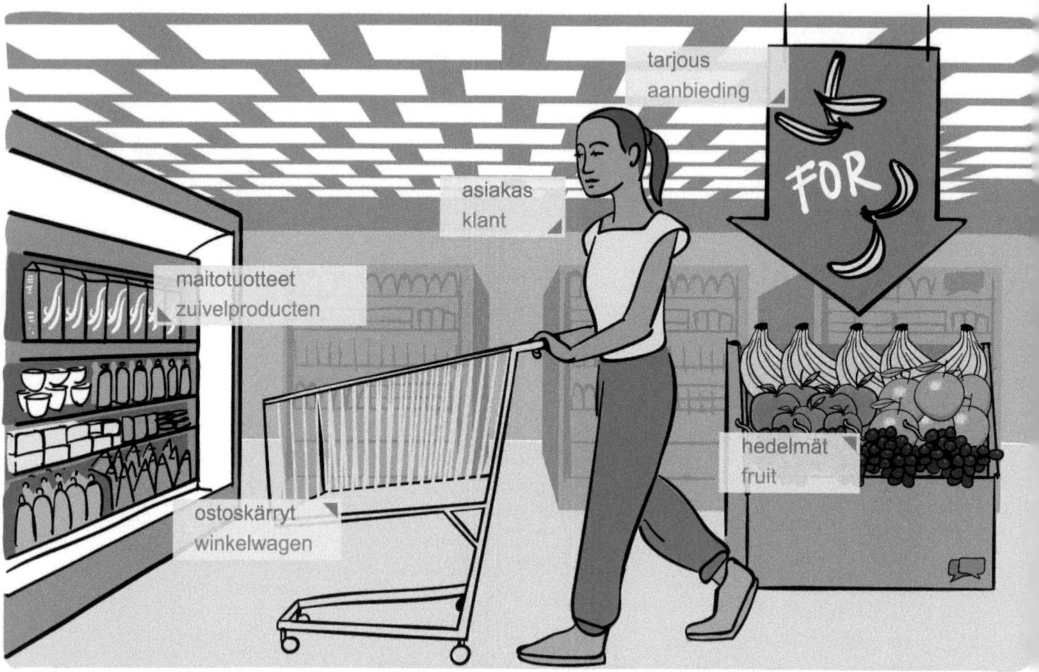

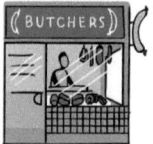

teurastamo

slagerij

BAKERY

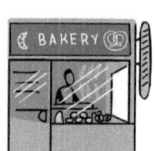

leipomo

bakkerij

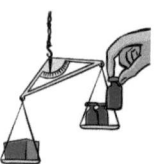

punnita

wegen

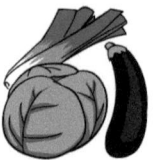

kasvikset

groenten

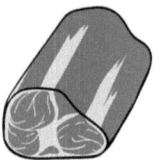

liha

vlees

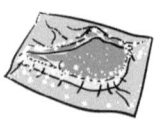

pakasteet

diepvriesvoedsel

leikkele	säilykkeet	pesujauhe
charcuterie	conserven	waspoeder

makeiset	kotitaloustarvikkeet	puhdistusaineet
snoep	huishoudproducten	schoonmaakproducten

myyjä	kassa	kassanhoitaja
verkoopster	kassa	kassier

ostoslista	aukioloajat	lompakko
boodschappenlijstje	openingstijden	portefeuille

luottokortti	kassi	muovipussi
kredietkaart	tas	plastieken zakje

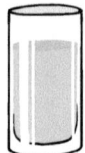

vesi

water

mehu

sap

maito

melk

kokis

cola

viini

wijn

olut

bier

alkoholi

alcohol

kaakao

cacao

tee

thee

kahvi

koffie

espresso

espresso

cappuccino

cappuccino

banaani

banaan

omena

appel

appelsiini

sinaasappel

meloni

meloen

sitruuna

citroen

porkkana

wortel

valkosipuli

knoflook

bambu

bamboe

sipuli

ajuin

sieni

champignon

pähkinät

noten

spagetti

noodles

spagetti

spaghetti

riisi

rijst

salaatti

salade

ranskalaiset

frieten

paistetut perunat

gebakken aardappelen

pitsa

pizza

hampurilainen

hamburger

voileipä

sandwich

leike

kalfslapje

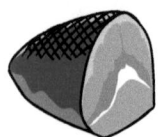

kinkku

ham

salami

salami

makkara

worst

kana

kip

paisti

braden

kala

vis

kaurahiutaleet

havervlokken

mysli

muesli

murot

cornflakes

jauho

bloem

voisarvi

croissant

sämpylä

pistolet

leipä

brood

paahtoleipä

toast

keksit

koekjes

voi

boter

rahka

kwark

kakku

taart

kananmuna

ei

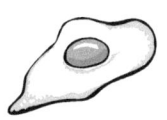

paistettu kananmuna

spiegelei

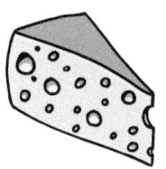

juusto

kaas

jäätelö

ijs

sokeri

suiker

hunaja

honing

hillo

confituur

suklaapähkinälevite

choco

curry

curry

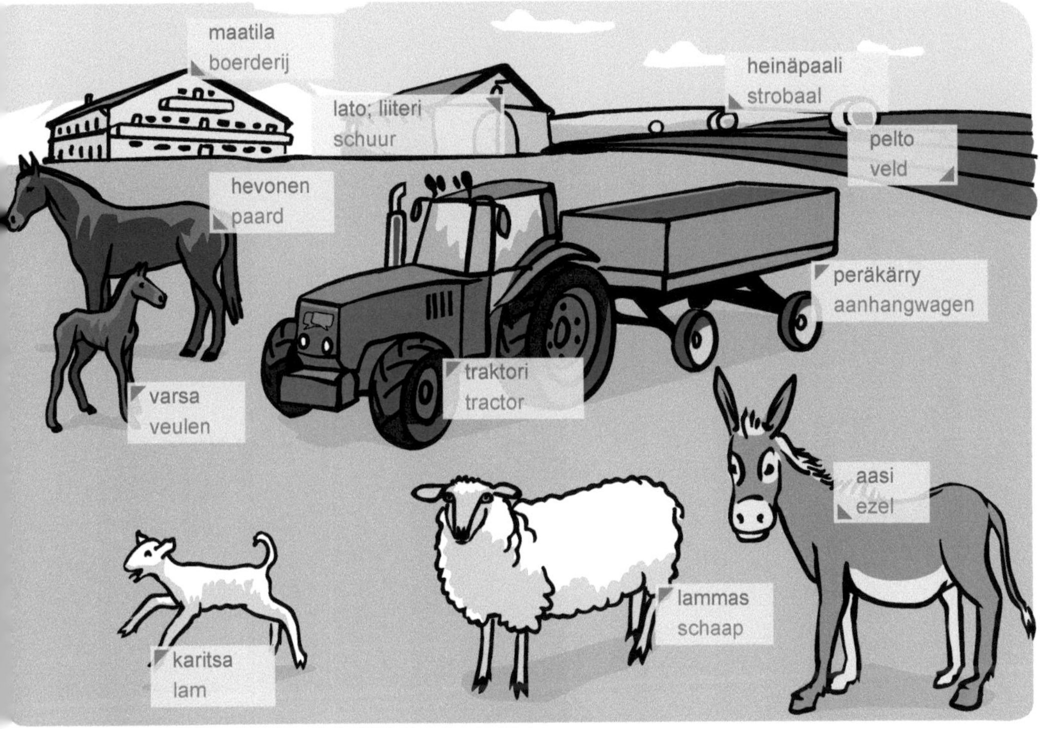

maatila
boerderij

lato; liiteri
schuur

heinäpaali
strobaal

pelto
veld

hevonen
paard

peräkärry
aanhangwagen

varsa
veulen

traktori
tractor

aasi
ezel

lammas
schaap

karitsa
lam

vuohi
geit

lehmä
koe

vasikka
kalf

sika
varken

porsas
biggetje

sonni
stier

hanhi

gans

ankka

eend

tipu

kuiken

kana

kip

kukko

haan

rotta

rat

kissa

kat

hiiri

muis

härkä

os

koira

hond

koirankoppi

hondenhok

puutarhaletku

tuinslang

kastelukannu

gieter

viikate

zeis

aura

ploeg

sirppi
sikkel

kuokka
schoffel

talikko
hooivork

kirves
bijl

kottikärryt
kruiwagen

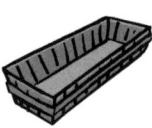

kaukalo
trog

maitokannu
melkkan

säkki
zak

aita
hek

talli
stal

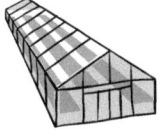

kasvihuone
broeikas

maa
bodem

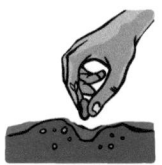

siemen
zaad

lannoite
mest

leikkuupuimuri
maaidorser

kerätä sato

oogsten

sato

oogst

jamssit

yam

vehnä

tarwe

soija

soja

peruna

aardappel

maissi

maïs

rypsi

koolzaad

hedelmäpuu

fruitboom

maniokki

maniok

vilja

graan

talo
huis

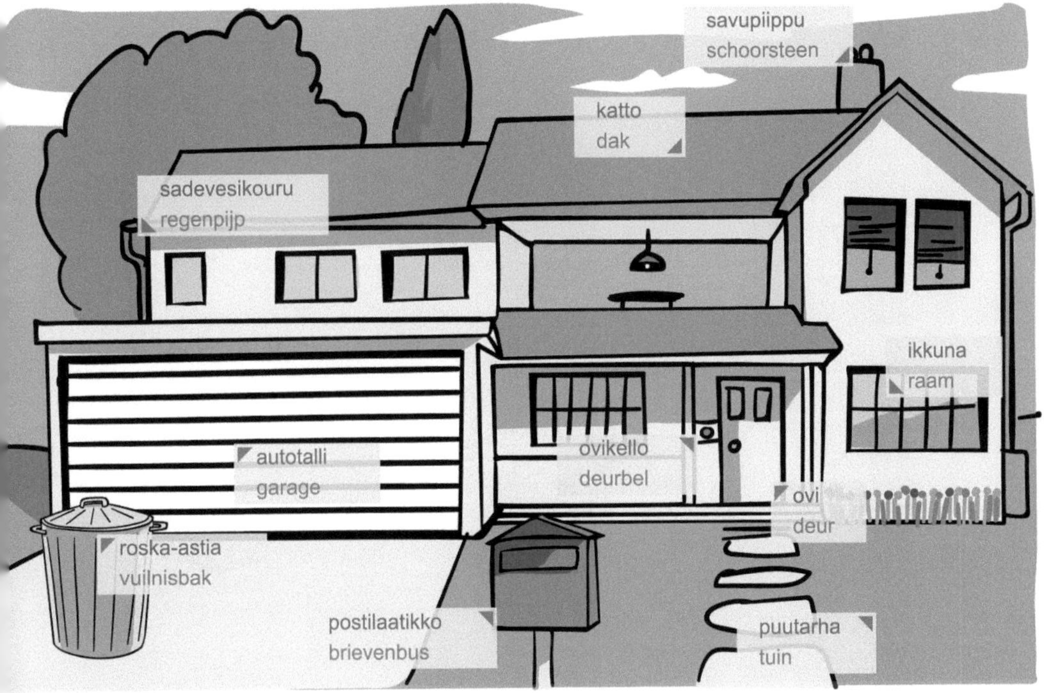
savupiippu
schoorsteen
katto
dak
sadevesikouru
regenpijp
ikkuna
raam
autotalli
garage
ovikello
deurbel
ovi
deur
roska-astia
vuilnisbak
postilaatikko
brievenbus
puutarha
tuin

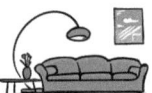

olohuone

woonkamer

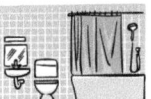

kylpyhuone

badkamer

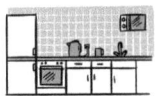

keittiö

keuken

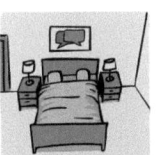

makuuhuone

slaapkamer

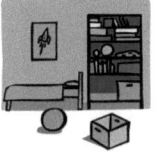

lastenhuone

kinderkamer

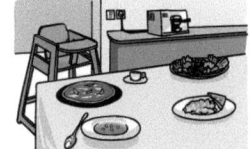

ruokahuone

eetkamer

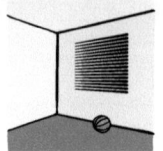

lattia
vloer

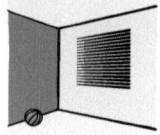

seinä
muur

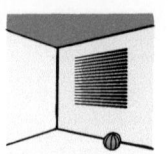

katto
plafond

kellari
kelder

sauna
sauna

parveke
balkon

terassi
terras

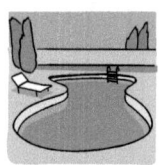

uima-allas
zwembad

ruohonleikkuri
grasmaaier

lakana
dekbedovertrek

päiväpeitto
dekbed

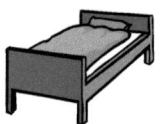

sänky
bed

harja
bezem

ämpäri
emmer

katkaisin
schakelaar

olohuone
woonkamer

tapetti
behangpapier
kuva
foto
lamppu
lamp
hylly
schap
kaappi
kast
televisio
televisie
takka
open haard
kukka
bloem
tyyny
kussen
sohva
sofa
maljakko
vaas
kaukosäädin
afstandsbediening

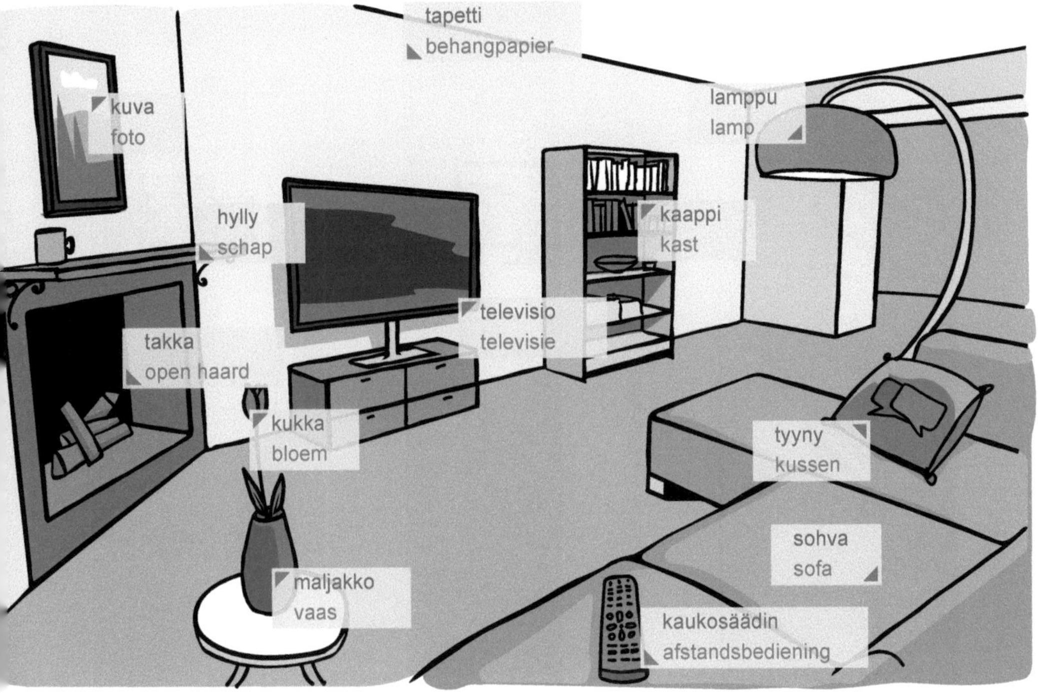

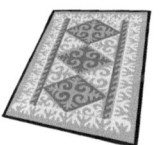

matto

mat

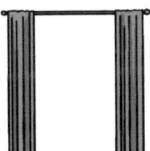

verho

gordijn

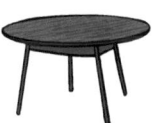

pöytä

tafel

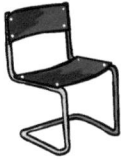

tuoli

stoel

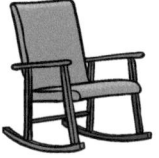

keinutuoli

schommelstoel

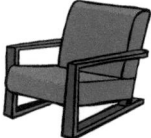

nojatuoli

fauteuil

kirja

boek

peitto

deken

koriste

decoratie

polttopuut

brandhout

elokuva

film

stereot

stereo-installatie

avain

sleutel

sanomalehti

krant

maalaus

schilderij

juliste

poster

radio

radio

muistivihko

notitieboekje

pölynimuri

stofzuiger

kaktus

cactus

kynttilä

kaars

keittiö
keuken

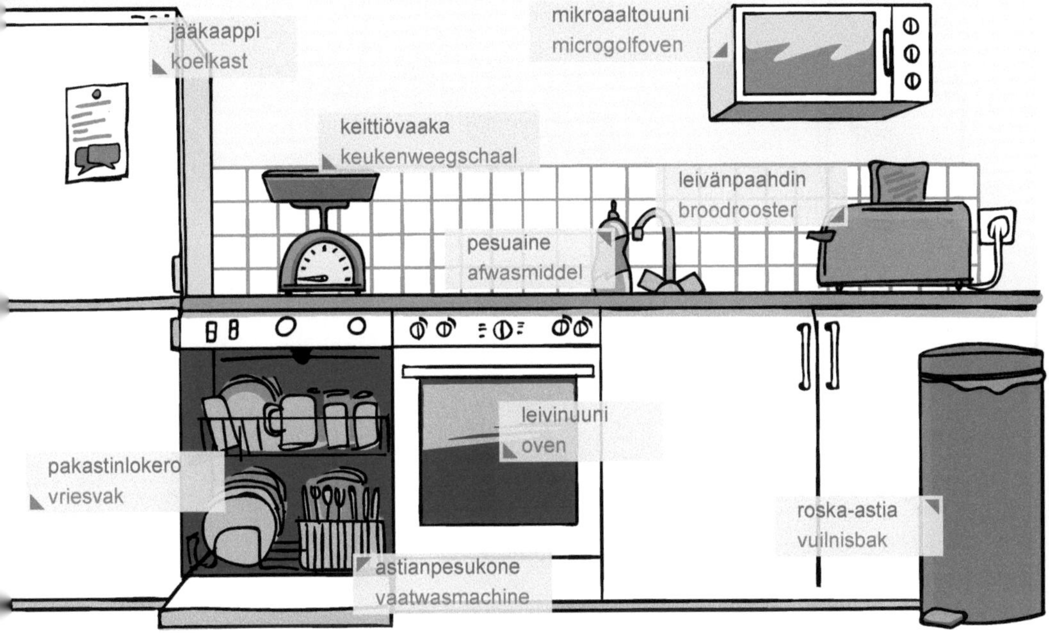

jääkaappi
koelkast
mikroaaltouuni
microgolfoven
keittiövaaka
keukenweegschaal
leivänpaahdin
broodrooster
pesuaine
afwasmiddel
leivinuuni
oven
pakastinlokero
vriesvak
roska-astia
vuilnisbak
astianpesukone
vaatwasmachine

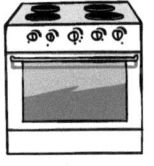

liesi
fornuis

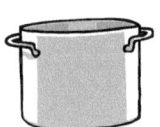

kattila
pot

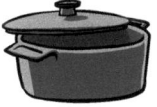

rautapata
gietijzeren pot

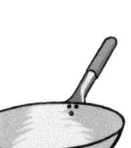

vokkipannu / kadai-pannu
wok / kadai

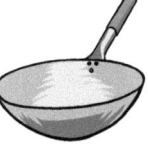

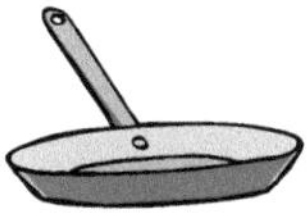

paistinpannu
pan

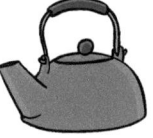

teepannu
waterkoker

höyrykeitin
stoomkoker

uunipelti
bakplaat

astiat
servies

muki
mok

kulho
kom

syömäpuikot
eetstokjes

kauha
pollepel

paistinlasta
spatel

vispilä
garde

siivilä
vergiet

siivilä
zeef

raastin
rasp

mortteli
mortier

grilli
barbecue

avotuli
haardvuur

leikkuulauta

snijplank

kaulin

deegrol

korkinavaaja

kurkentrekker

purkki

blik

purkinavaaja

blikopener

pannulappu

pannenlap

lavuaari

gootsteen

tiskiharja

borstel

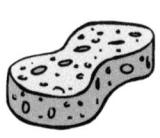

pesusieni

spons

tehosekoitin

blender

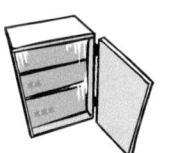

pakastin

vriezer

tuttipullo

papfles

vesihana

kraan

kylpyhuone
badkamer

lämmitys
verwarming
pyyhe
handdoek
suihku
douche
suihkuverho
douchegordijn
vaahtokylpy
bubbelbad
kylpyamme
badkuip
lasi
glas
pesukone
wasmachine
vesihana
kraan
kaakelit
tegels
potta
kinderpo
lavuaari
gootsteen

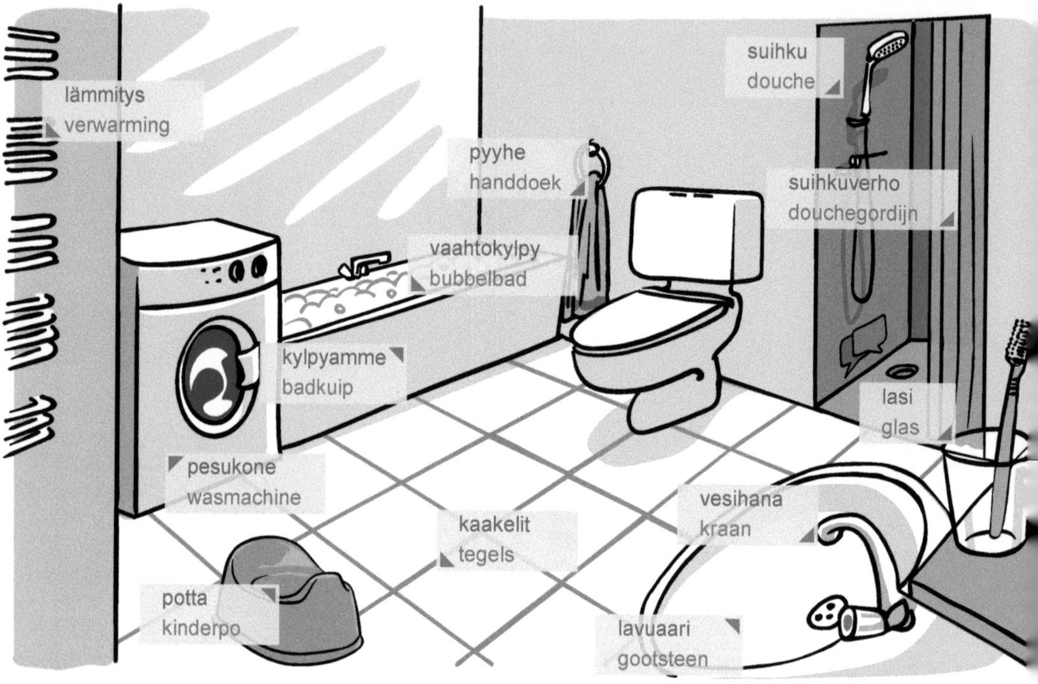

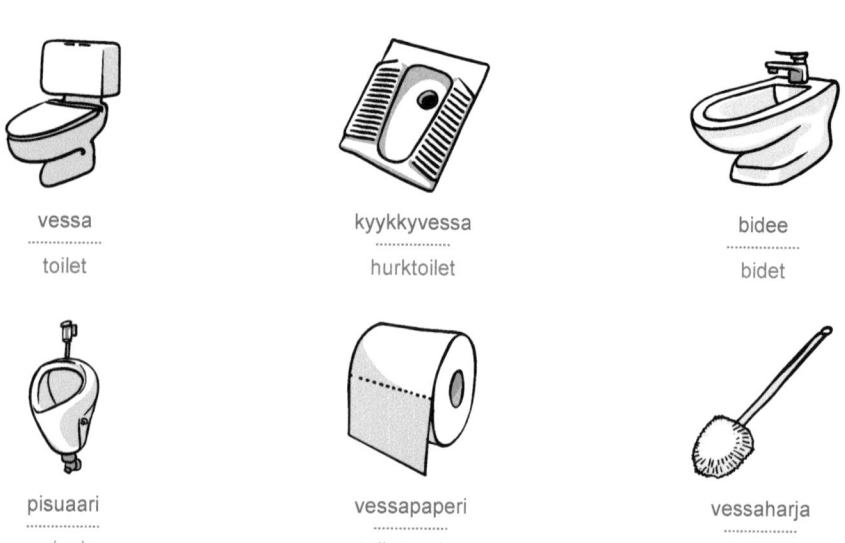

vessa

toilet

kyykkyvessa

hurktoilet

bidee

bidet

pisuaari

urinoir

vessapaperi

toiletpapier

vessaharja

toiletborstel

hammasharja

tandenborstel

hammastahna

tandpasta

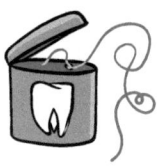

hammaslanka

flosdraad

pestä

wassen

käsisuihku

handdouche

intiimisuihku

bidethanddouche

pesuvati

waskom

selkäharja

rugborstel

saippua

zeep

suihkugeeli

douchegel

shampoo

shampoo

pesulappu

washandje

viemäri

afvoer

voide

crème

deodorantti

deodorant

peili

spiegel

käsipeili

handspiegel

partaveitsi

scheermes

partavaahto

scheerschuim

partavesi

aftershave

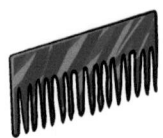

kampa

kam

harja

borstel

hiustenkuivaaja

haardroger

hiuslakka

haarlak

meikki

make-up

huulipuna

lippenstift

kynsilakka

nagellak

pumpuli

watten

kynsisakset

nagelknipper

hajuvesi

parfum

kylpyhuone - badkamer

kosmetiikkalaukku

toilettas

jakkara

kruk

vaaka

weegschaal

kylpytakki

badjas

kumihansikkaat

latex handschoenen

tamponi

tampon

terveysside

maandverband

kemiallinen wc

chemisch toilet

lastenhuone
kinderkamer

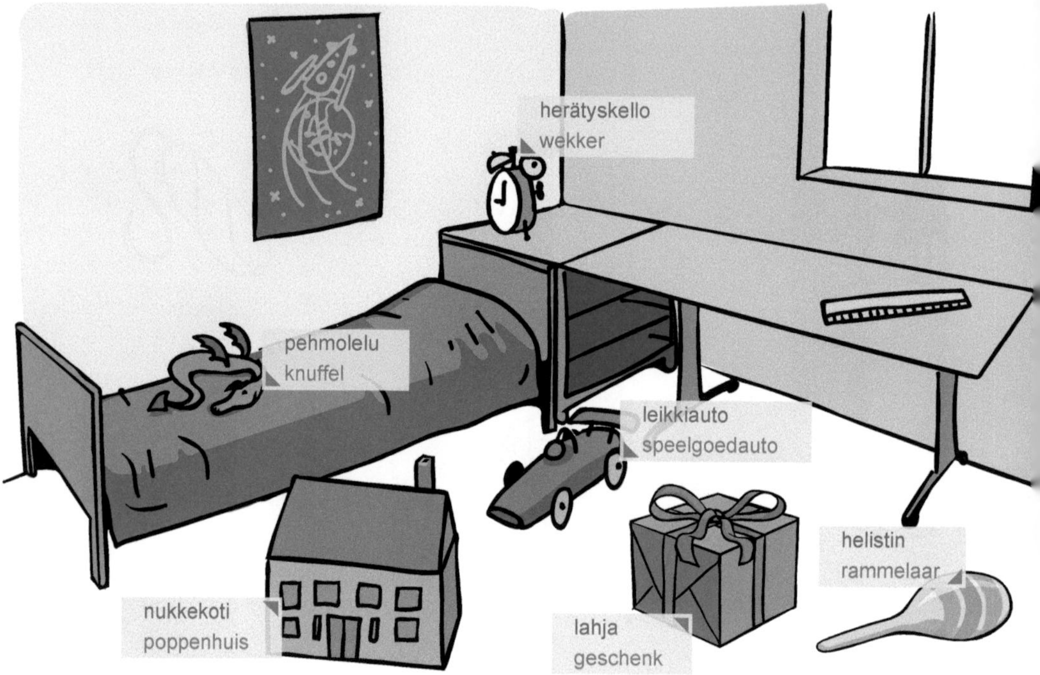
herätyskello
wekker
pehmolelu
knuffel
leikkiauto
speelgoedauto
helistin
rammelaar
nukkekoti
poppenhuis
lahja
geschenk

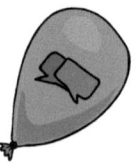

ilmapallo

ballon

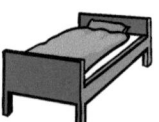

sänky

bed

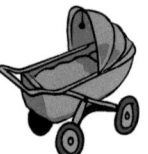

lastenvaunut

kinderwagen

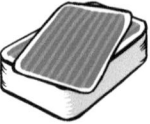

korttipeli

spel kaarten

palapeli

puzzel

SUPER
MEGA

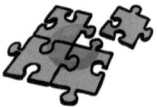

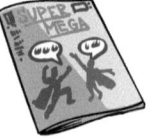

sarjakuva

stripboek

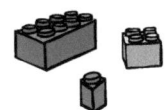

legopalikat

legoblokjes

rakennuspalikat

blokken

supersankari

actiefiguur

potkupuku

kruippakje

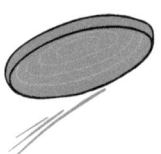

frisbee

frisbee

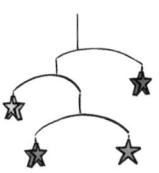

mobile

mobiel

lautapeli

bordspel

noppa

dobbelsteen

pienoisjunarata

modelspoorweg

tutti

fopspeen

juhlat

feest

kuvakirja

prentenboek

pallo

bal

nukke

pop

leikkiä

spelen

hiekkalaatikko

zandbak

keinu

schommel

lelut

speelgoed

pelikonsoli

spelconsole

kolmipyörä

driewieler

nalle

knuffelbeer

vaatekaappi

kleerkast

vaatteet
kleding

sukat

sokken

nylonsukat

kousen

sukkahousut

maillot

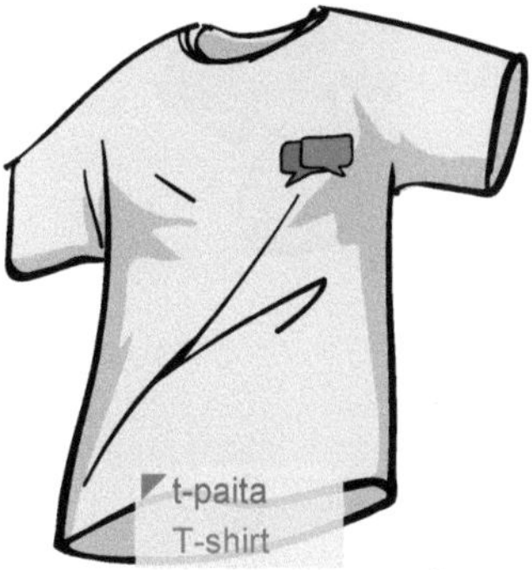

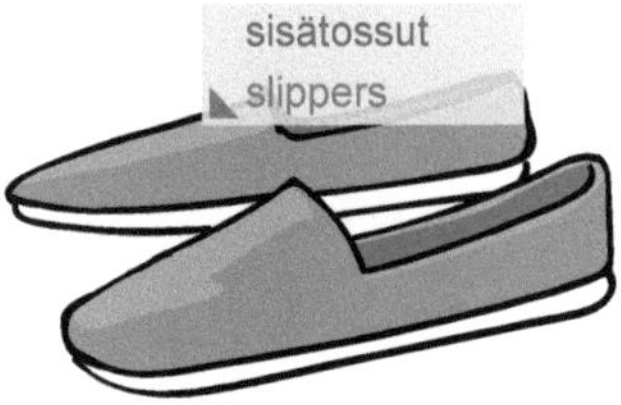

kaulaliina
sjaal

sateenvarjo
paraplu

t-paita
T-shirt

vyö
riem

saappaat
laarzen

sisätossut
slippers

lenkkarit
sneakers

sandaalit
sandalen

kengät
schoenen

kumisaappaat
rubberlaarzen

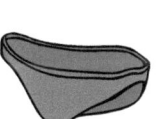

alushousut
onderbroek

rintaliivit
beha

aluspaita
onderhemd

body

lichaam

housut

broek

farkut

jeans

hame

rok

pusero

blouse

paita

hemd

villapaita

trui

collegepaita

capuchontrui

jakku

blazer

takki

jas

takki

jas

sadetakki

regenjas

puku

kostuum

mekko

jurk

hääpuku

trouwjurk

puku	yöpaita	pyjama
pak	nachthemd	pyjama

shari	päähuivi	turbaani
sari	hoofddoek	tulband

burka	kaftaani	abaya
boerka	kaftan	abaya

uimapuku	uimahousut	shortsit
badpak	zwembroek	short

verkkarit	esiliina	käsineet
trainingspak	schort	handschoenen

nappi

knoop

silmälasit

bril

rannekoru

armband

kaulakoru

ketting

sormus

ring

korvakoru

oorbel

lippalakki

pet

ripustin

kapstok

hattu

hoed

solmio

das

vetoketju

rits

kypärä

helm

henkselit

bretellen

koulupuku

schooluniform

univormu

uniform

ruokalappu

slabbetje

tutti

fopspeen

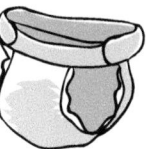

vaippa

luier

toimisto
kantoor

palvelin
server

asiakirjakaappi
dossierkast

tulostin
printer

näyttö
monitor

paperi
papier

kirjoituspöytä
bureau

hiiri
muis

kansio
map

näppäimistö
toestenbord

roskakori
papiermand

tietokone
computer

tuoli
stoel

kahvimuki

koffiemok

taskulaskin

rekenmachine

internet

internet

kannettava tietokone

laptop

kirje

brief

viesti

bericht

kännykkä

gsm

verkko

netwerk

kopiokone

kopieerapparaat

ohjelmisto

software

puhelin

telefoon

pistorasia

stopcontact

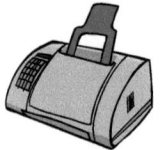

faksi

fax

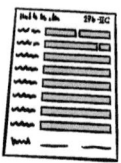

lomake

formulier

asiakirja

document

ostaa

kopen

maksaa

betalen

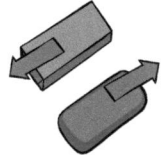

vaihtaa

handelen

raha

geld

dollari

dollar

euro

euro

jeni

yen

rupla

roebel

frangi

Zwitserse frank

renminbi juan

Chinese renminbi

rupia

roepie

pankkiautomaatti

geldautomaat

rahanvaihto

wisselkantoor

kulta

goud

hopea

zilver

öljy

olie

energia

energie

hinta

prijs

sopimus

contract

vero

belasting

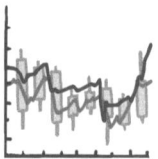

osake

aandeel

työskennellä

werken

työntekijä

werknemer

työnantaja

werkgever

tehdas

fabriek

liike

winkel

talous - economie

ammatit
beroepen

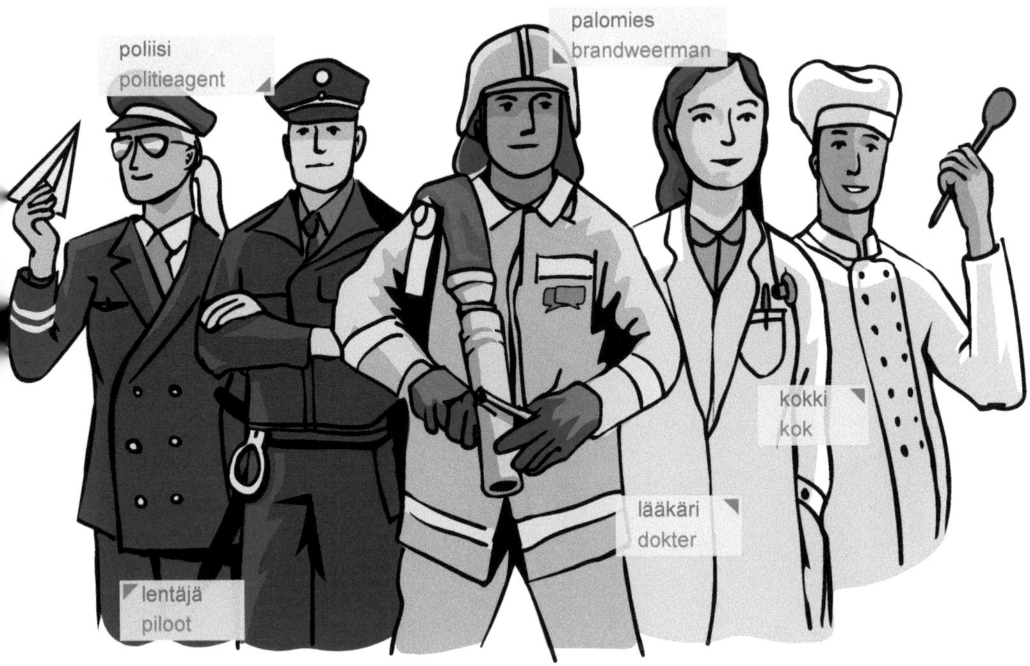
poliisi
politieagent
palomies
brandweerman
kokki
kok
lääkäri
dokter
lentäjä
piloot

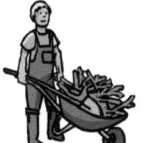

puutarhuri

tuinman

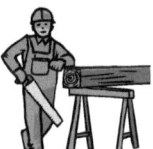

puuseppä

timmerman

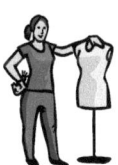

ompelija

naaister

tuomari

rechter

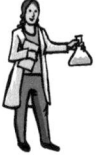

kemisti

chemicus

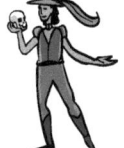

näyttelijä

acteur

linja-autonkuljettaja

buschauffeur

taksinkuljettaja

taxichauffeur

kalastaja

visser

siivooja

schoonmaakster

katontekijä

dakdekker

tarjoilija

ober

metsästäjä

jager

maalari

schilder

leipuri

bakker

sähköasentaja

elektricien

rakentaja

bouwvakker

insinööri

ingenieur

teurastaja

slager

putkiasentaja

loodgieter

postinjakaja

postbode

sotilas

soldaat

arkkitehti

architect

kassanhoitaja

kassier

floristi

bloemist

kampaaja

kapper

konduktööri

conducteur

mekaanikko

mecanicien

kapteeni

kapitein

hammaslääkäri

tandarts

tiedemies

wetenschapper

rabbi

rabbijn

imaami

imam

munkki

monnik

pappi

geestelijke

työkalut
werktuigen

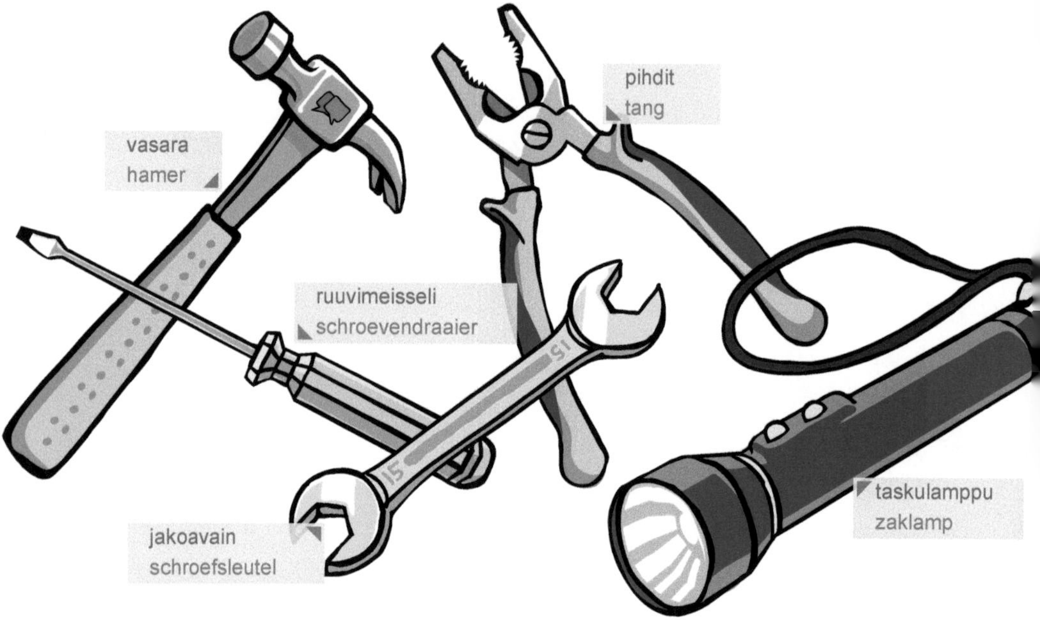
pihdit
tang
vasara
hamer
ruuvimeisseli
schroevendraaier
jakoavain
schroefsleutel
taskulamppu
zaklamp

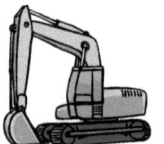

kaivinkone

graafmachine

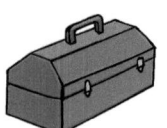

työkalupakki

gereedschapskoffer

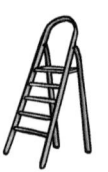

tikkaat

ladder

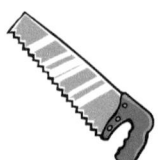

saha

zaag

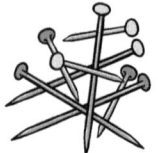

naulat

spijkers

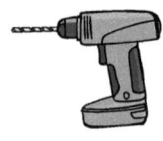

pora

boormachine

korjata
repareren

lapio
schop

Hitto!
Verdomme!

rikkalapio
blik

maalipurkki
verfpot

ruuvit
schroeven

soittimet

muziekinstrumenten

kaiuttimet
luidspreker

rummut
drumstel

kitara
gitaar

kontrabasso
contrabas

trumpetti
trompet

piano

piano

viulu

viool

basso

basgitaar

patarummut

pauk

rumpu

trommels

kosketinsoitin

keyboard

saksofoni

saxofoon

huilu

fluit

mikrofoni

microfoon

eläintarha
zoo

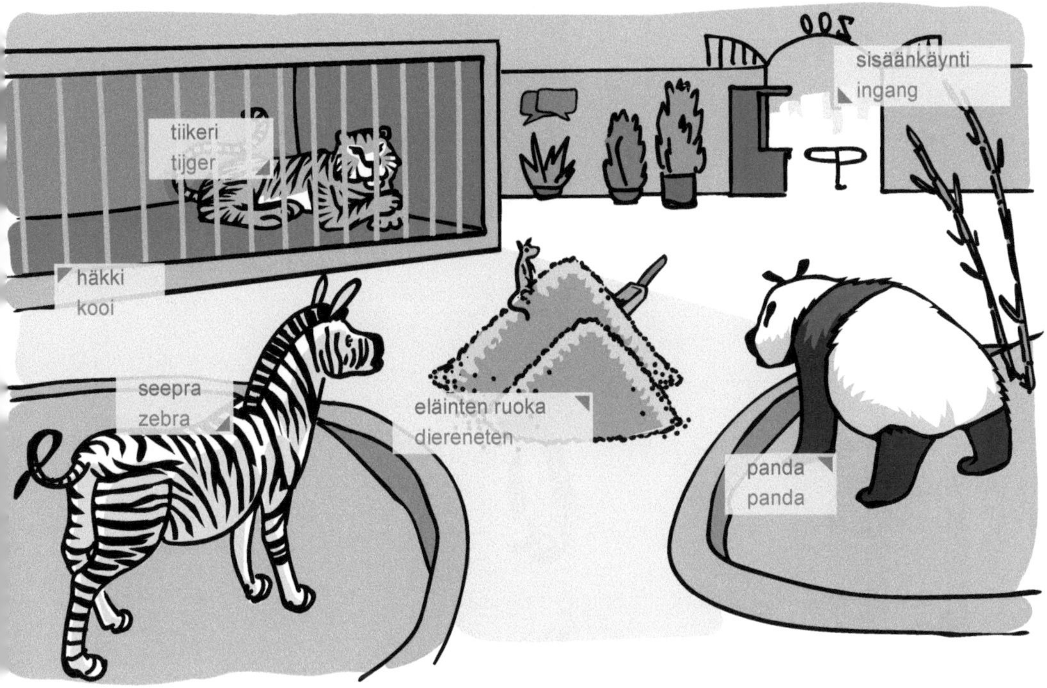

tiikeri
tijger

sisäänkäynti
ingang

häkki
kooi

seepra
zebra

eläinten ruoka
diereneten

panda
panda

eläimet
dieren

norsu
olifant

kenguru
kangoeroe

sarvikuono
neushoorn

gorilla
gorilla

karhu
beer

kameli

kameel

strutsi

struisvogel

leijona

leeuw

apina

aap

flamingo

flamingo

papukaija

papegaai

jääkarhu

ijsbeer

pingviini

pinguïn

hai

haai

riikinkukko

pauw

käärme

slang

krokotiili

krokodil

eläintarhanhoitaja

dierenverzorger

hylje

zeehond

jaguaari

jaguar

poni
pony

leopardi
luipaard

virtahepo
nijlpaard

kirahvi
giraffe

kotka
adelaar

villisika
wild zwijn

kala
vis

kilpikonna
zeeschildpad

mursu
walrus

kettu
vos

gaselli
gazelle

amerikkalainen jalkapallo
rugby

pyöräily
wielrennen

tennis
tennis

koripallo
basketbal

uinti
zwemmen

jääkiekko
ijshockey

nyrkkeily
boksen

jalkapallo

voetbal

sulkapallo

badminton

yleisurheilu

atletiek

käsipallo

handbal

hiihto

skiën

poolo

polo

aktiviteetit
activiteiten

nauraa
lachen
hypätä
springen
halata
knuffelen
kävellä
wandelen
laulaa
zingen
unelmoida
dromen
rukoilla
bidden
suudella
kussen

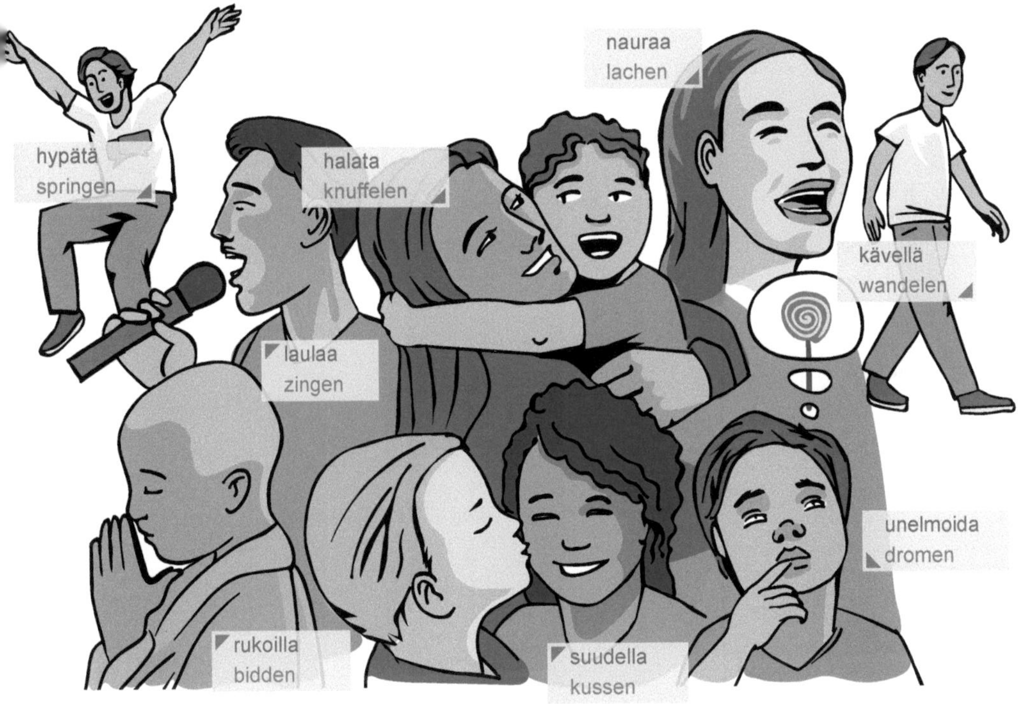

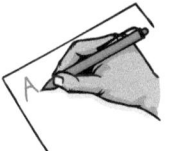

kirjoittaa

schrijven

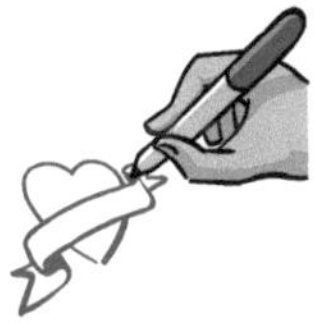

piirtää

tekenen

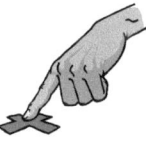

näyttää

tonen

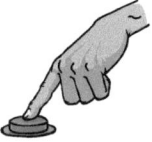

painaa

duwen

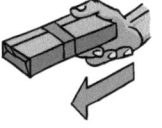

antaa

geven

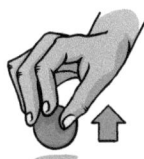

ottaa

nemen

omistaa

hebben

tehdä

doen

olla

zijn

seisoa

staan

juosta

lopen

vetää

trekken

heittää

gooien

kaatua

vallen

maata

liggen

odottaa

wachten

kantaa

dragen

istua

zitten

pukeutua

aankleden

nukkua

slapen

herätä

ontwaken

katsoa

kijken naar

itkeä

wenen

silittää

aaien

kammata

kammen

puhua

praten

ymmärtää

begrijpen

kysyä

vragen

kuunnella

luisteren

juoda

drinken

syödä

eten

siivota

opruimen

rakastaa

houden van

keittää

koken

ajaa

rijden

lentää

vliegen

purjehtia

zeilen

laskea

rekenen

lukea

Lezen

oppia

leren

työskennellä

werken

mennä naimisiin

trouwen

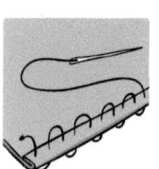

ommella

naaien

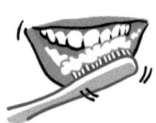

pestä hampaat

tandenpoetsen

tappaa

doden

tupakoida

roken

lähettää

sturen

aktiviteetit - activiteiten

perhe
familie

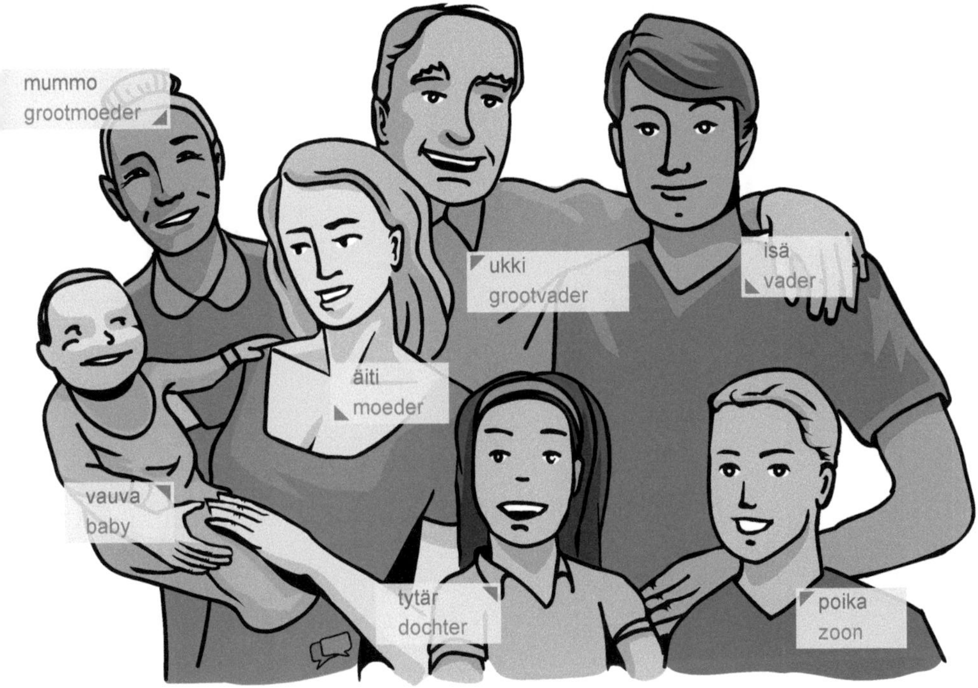
mummo
grootmoeder
ukki
grootvader
isä
vader
äiti
moeder
vauva
baby
tytär
dochter
poika
zoon

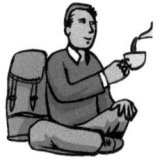

vieras

gast

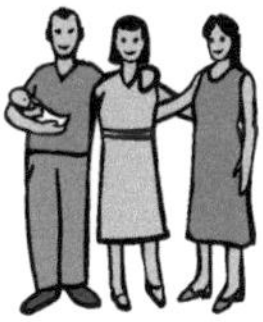

täti

tante

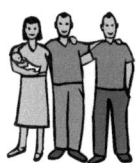

setä

oom

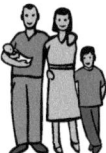

veli

broer

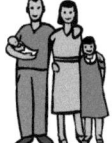

sisko

zus

vartalo

lichaam

otsa
voorhoofd
silmä
oog
olkapää
schouder
sormet
vinger
kasvot
gezicht
leuka
kin
käsi
hand
jalka
been
rinta
borst
käsivarsi
arm

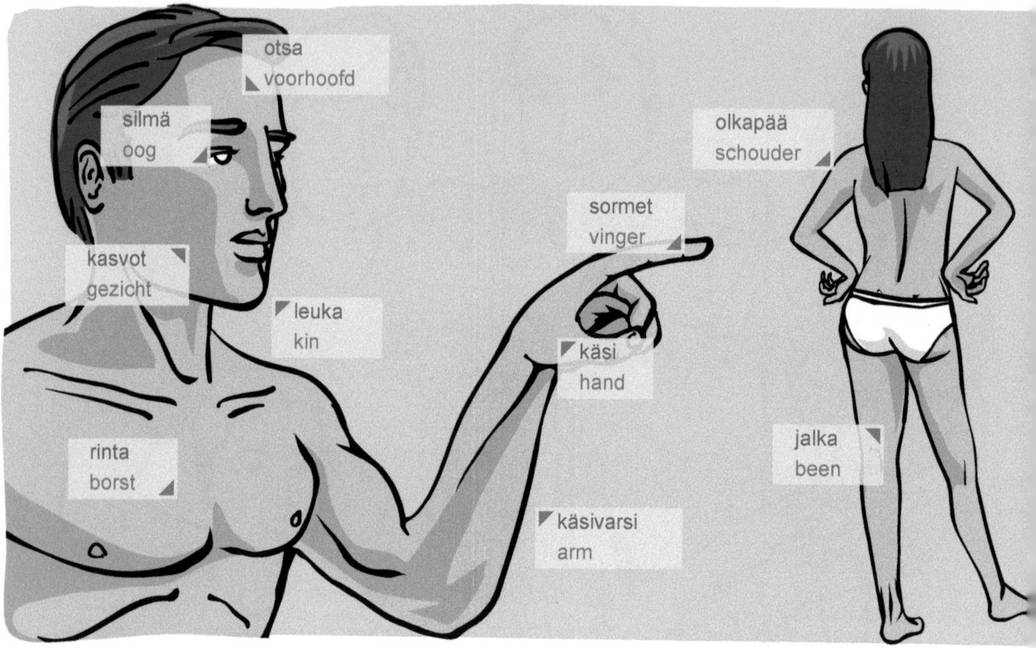

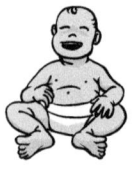

vauva

baby

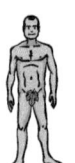

mies

man

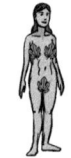

nainen

vrouw

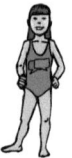

tyttö

meisje

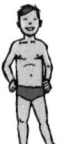

poika

jongen

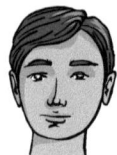

pää

hoofd

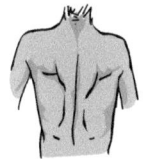

selkä

rug

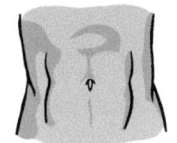

maha

buik

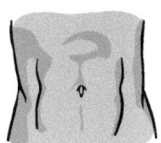

napa

navel

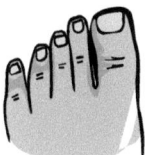

varvas

teen

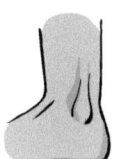

kantapää

hiel

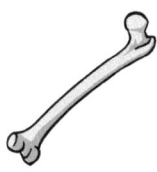

luu

bot

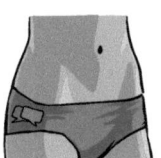

lantio

heup

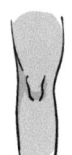

polvi

knie

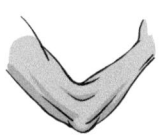

kyynärpää

elleboog

nenä

neus

takapuoli

zitvlak

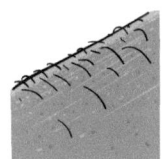

iho

huid

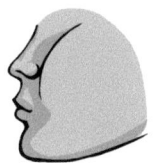

poski

wang

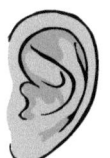

korva

oor

huuli

lip

suu

mond

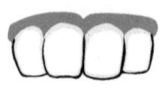

hammas

tand

kieli

tong

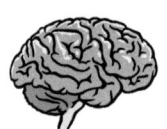

aivot

hersenen

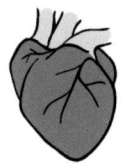

sydän

hart

lihas

spier

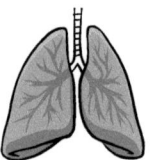

keuhkot

long

maksa

lever

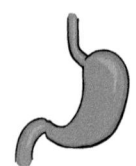

vatsa

maag

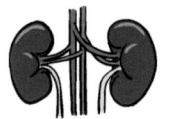

munuaiset

nieren

seksi

seks

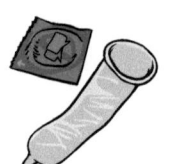

kondomi

condoom

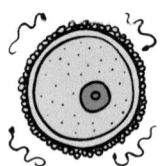

munasolu

eicel

sperma

sperma

raskaus

zwangerschap

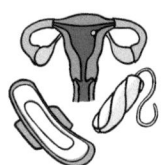

kuukautiset

menstruatie

vagina

vagina

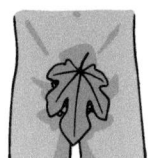

penis

penis

kulmakarvat

wenkbrauw

hiukset

haar

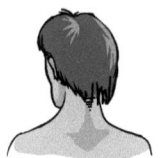

niska

nek

sairaala
ziekenhuis

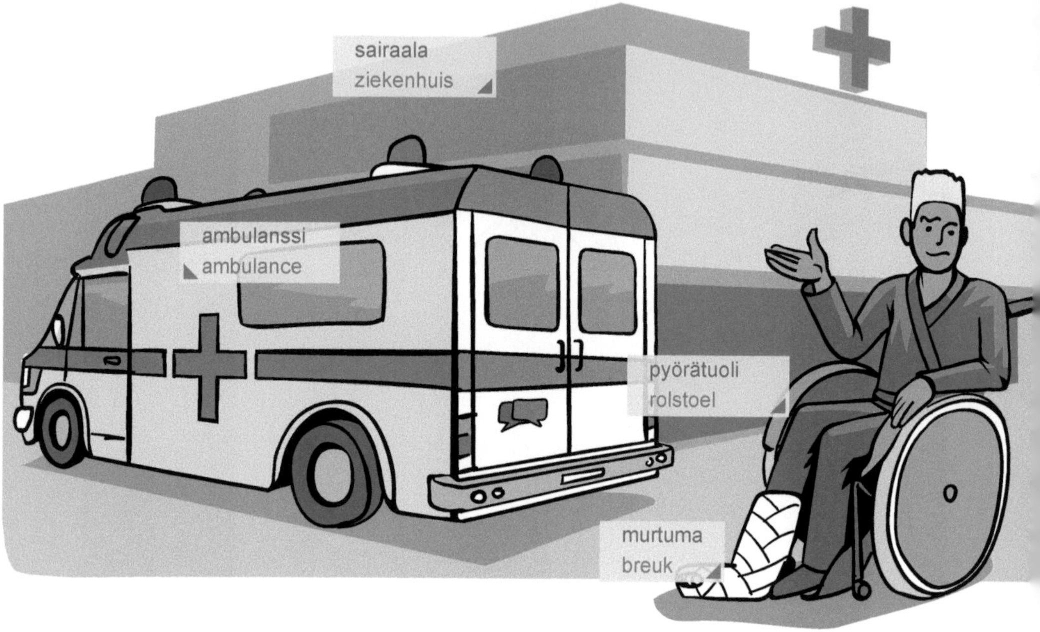

sairaala
ziekenhuis
ambulanssi
ambulance
pyörätuoli
rolstoel
murtuma
breuk

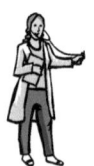

lääkäri

dokter

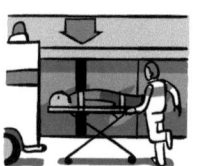

ensiapu

spoed

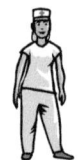

sairaanhoitaja

verpleegkundige

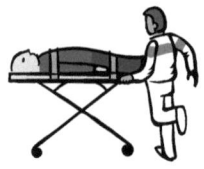

hätätilanne

noodgeval

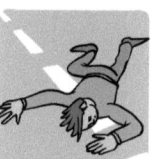

tajuton

bewusteloos

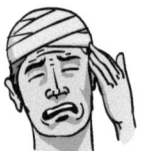

kipu

pijn

vamma

verwonding

verenvuoto

bloeding

sydänkohtaus

hartaanval

aivoinfarkti

beroerte

allergia

allergie

yskä

hoest

kuume

koorts

flunssa

griep

ripuli

diarree

päänsärky

hoofdpijn

syöpä

kanker

diabetes

diabetes

kirurgi

chirurg

veitsi

scalpel

leikkaus

operatie

ct
CT

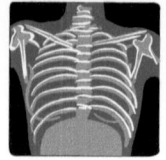

röntgen
röntgenstraal

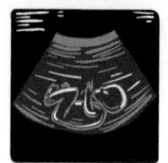

ultraääni
ultrageluid

maski
gezichtsmasker

sairaus
ziekte

odotushuone
wachtkamer

sauva
kruk

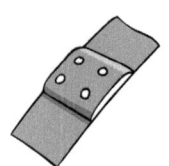

laastari
pleister

side
verband

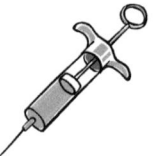

pistos
injectie

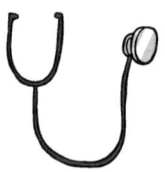

stetoskooppi
stethoscoop

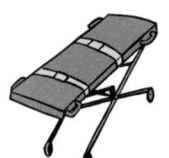

paarit
brancard

kuumemittari
thermometer

syntymä
geboorte

ylipaino
overgewicht

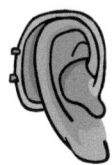

kuulolaite

hoorapparaat

desinfiointiaine

ontsmettingsmiddel

infektio

infectie

virus

virus

HIV / AIDS

HIV / AIDS

lääke

medicijn

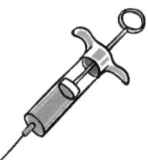

rokotus

vaccinatie

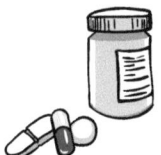

tabletit

tabletten

pilleri

pil

hätäpuhelu

noodoproep

verenpainemittari

bloeddrukmeter

sairas / terve

ziek / gezond

Apua!

Help!

hälytys

alarm

ryöstö

overval

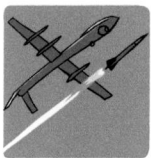

hyökkäys

aanval

vaara

gevaar

hätäuloskäynti

nooduitgang

Tulipalo!

Brand!

palosammutin

brandblusser

onnettomuus

ongeval

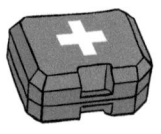

ensiapulaukku

EHBO-kit

SOS

SOS

poliisilaitos

politie

Eurooppa

Europa

Pohjois-Amerikka

Noord-Amerika

Etelä-Amerikka

Zuid-Amerika

Afrikka

Afrika

Aasia

Azië

Australia

Australië

Atlantin valtameri

Atlantische Oceaan

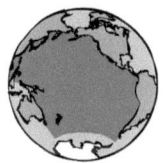

Tyynimeri

Stille Oceaan

Intian valtameri

Indische Oceaan

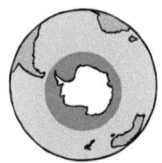

Eteläinen jäämeri

Antarctische Oceaan

Pohjoinen jäämeri

Arctische Oceaan

pohjoisnapa

Noordpool

etelänapa

Zuidpool

Antarktis

Antarctica

maa

aarde

maa

land

meri

zee

saari

eiland

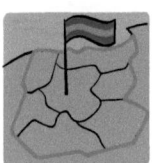

kansa

natie

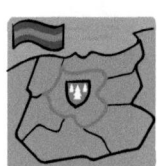

osavaltio

staat

kellotaulu

wijzerplaat

tuntiviisari

uurwijzer

minuuttiviisari

minuutwijzer

sekuntiviisari

secondewijzer

Paljonko kello on?

Hoe laat is het?

päivä

dag

aika

tijd

nyt

nu

digitaalikello

digitale horloge

minuutti

minuut

tunti

uur

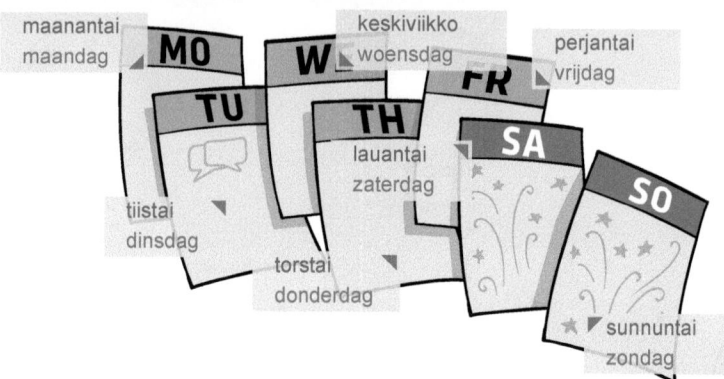

maanantai
maandag
MO

TU

tiistai
dinsdag

W
keskiviikko
woensdag

TH

torstai
donderdag

lauantai
zaterdag

FR
perjantai
vrijdag

SA

SO

sunnuntai
zondag

eilen
....
gisteren

tänään
....
vandaag

huomenna
....
morgen

aamu
....
ochtend

keskipäivä
....
middag

ilta
....
avond

työpäivät
....
werkdagen

viikonloppu
....
weekend

vuosi
jaar

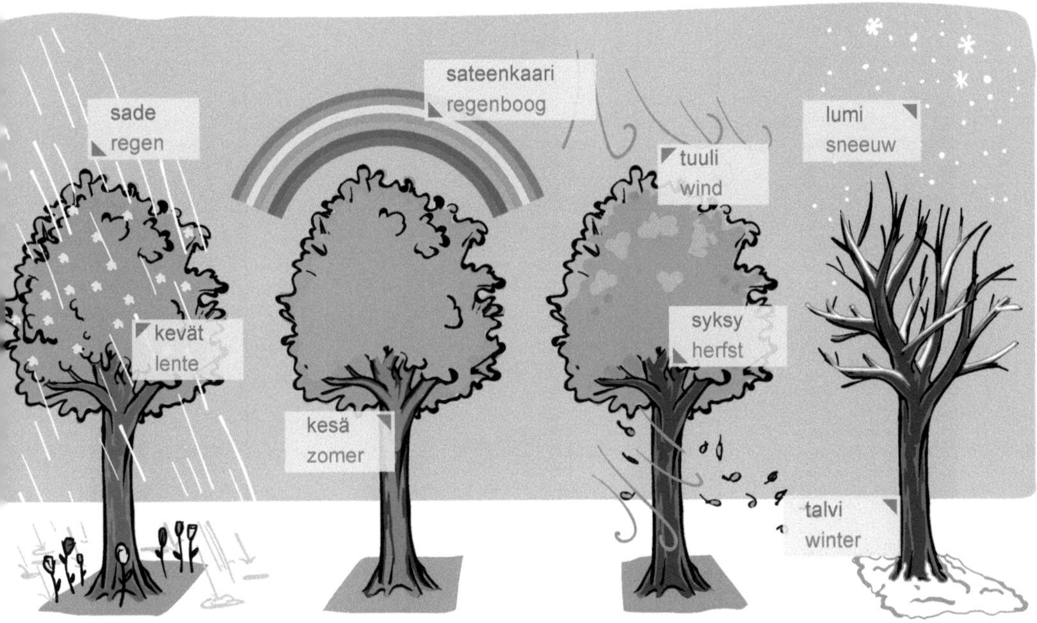
sade
regen
sateenkaari
regenboog
lumi
sneeuw
tuuli
wind
kevät
lente
syksy
herfst
kesä
zomer
talvi
winter

4.APRIL 11°
5.APRIL 4°
6.APRIL 13°
7.APRIL 8°
8.APRIL 10°

sääennuste

weervoorspelling

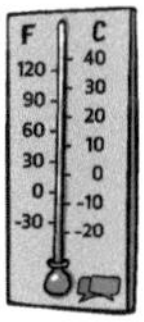
F C
120 40
90 30
60 20
30 10
0 0
-30 -10
-20

lämpömittari

thermometer

auringonpaiste

zonneschijn

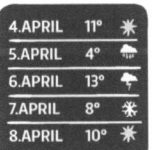

pilvi

wolk

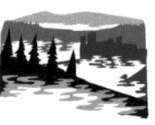

sumu

mist

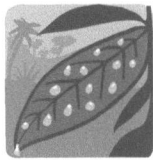

ilmankosteus

vochtigheid

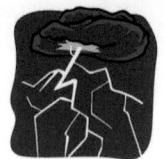

salama

bliksem

ukkonen

donder

myrsky

storm

rae

hagel

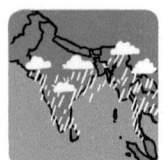

monsuuni

moesson

tulva

overstroming

jää

ijs

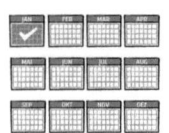

tammikuu

januari

helmikuu

februari

maaliskuu

maart

huhtikuu

april

toukokuu

mei

kesäkuu

juni

heinäkuu

juli

elokuu

augustus

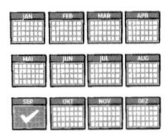

syyskuu
....
september

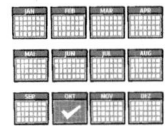

lokakuu
....
oktober

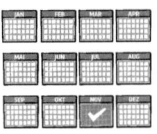

marraskuu
....
november

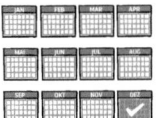

joulukuu
....
december

muodot
vormen

ympyrä
....
cirkel

neliö
....
kwadraat

suorakulmio
....
rechthoek

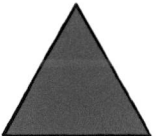

kolmio
....
driehoek

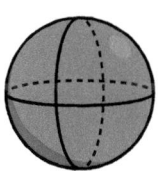

pallo
....
bol

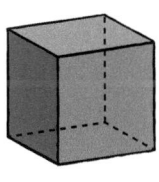

kuutio
....
kubus

valkoinen

wit

keltainen

geel

oranssi

oranje

vaaleanpunainen

roze

punainen

rood

violetti

paars

sininen

blauw

vihreä

groen

ruskea

bruin

harmaa

grijs

musta

zwart

paljon / vähän

veel / weinig

vihainen / ystävällinen

boos / kalm

kaunis / ruma

mooi / lelijk

alku / loppu

begin / einde

suuri / pieni

groot / klein

vaalea / tumma

licht / donker

veli / sisko

broer / zus

puhdas / likainen

proper / vuil

täydellinen / epätäydellinen

volledig / onvolledig

päivä / yö

dag / nacht

kuollut / elävä

dood / levend

leveä / kapea

breed / smal

syötävä / syömäkelvoton

eetbaar / oneetbaar

paha / kiltti

kwaadaardig / vriendelijk

innostunut / tylsistynyt

opgewonden / verveeld

lihava / laiha

dik / dun

ensimmäinen / viimeinen

eerst / laatst

ystävä / vihollinen

vriend / vijand

täysi / tyhjä

vol / leeg

kova / pehmeä

hard / zacht

painava / kevyt

zwaar / licht

nälkä / jano

honger / dorst

sairas / terve

ziek / gezond

laiton / laillinen

illegaal / legaal

älykäs / tyhmä

intelligent / dom

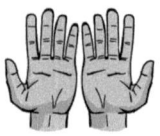

vasen / oikea

links / rechts

lähellä / kaukana

dichtbij / veraf

uusi / käytetty

nieuw / gebruikt

ei mitään / jotain

niets / iets

vanha / nuori

oud / jong

päällä / pois päältä

aan / uit

auki / kiinni

open / dicht

hiljainen / äänekäs

stil / luid

rikas / köyhä

rijk / arm

oikein / väärin

juist / fout

karhea / sileä

ruw / glad

surullinen / iloinen

droevig / blij

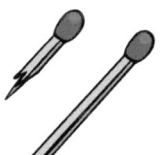

lyhyt / pitkä

kort / lang

hidas / nopea

traag / snel

märkä / kuiva

nat / droog

lämmin / viileä

warm / koud

sota / rauha

oorlog / vrede

0

nolla

nul

1

yksi

één

2

kaksi

twee

3

kolme

drie

4

neljä

vier

5

viisi

vijf

6

kuusi

zes

7

seitsemän

zeven

8

kahdeksan

acht

9

yhdeksän

negen

10

kymmenen

tien

11

yksitoista

elf

12	**13**	**14**
kaksitoista	kolmetoista	neljätoista
twaalf	dertien	veertien

15	**16**	**17**
viisitoista	kuusitoista	seitsemäntoista
vijftien	zestien	zeventien

18	**19**	**20**
kahdeksantoista	yhdeksäntoista	kaksikymmentä
achtien	negentien	twintig

100	**1.000**	**1.000.000**
sata	tuhat	miljoona
honderd	duizend	miljoen

englanti

Engels

amerikanenglanti

Amerikaans Engels

mandariinikiina

Chinees (Mandarijn)

hindi

Hindi

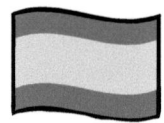

espanja

Spaans

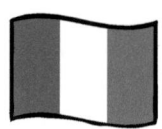

ranska

Frans

arabia

Arabisch

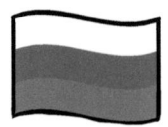

venäjä

Russisch

portugali

Portugees

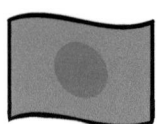

bengali

Bengali

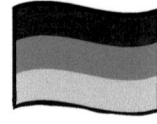

saksa

Duits

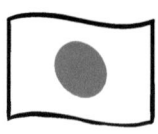

japani

Japans

minä

ik

sinä

u

hän

hij / zij / het

me

wij

te

u

he

ze

kuka?

wie?

mitä / mikä?

wat?

miten?

hoe?

missä?

waar?

milloin?

wanneer?

nimi

naam

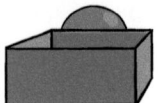

takana

achter

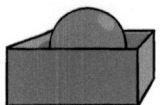

sisällä

in

edessä

voor

yläpuolella

boven

päällä

op

alapuolella

onder

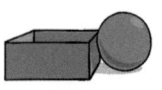

vieressä

naast

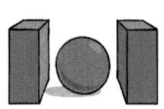

välissä

tussen

paikka

plaats